Dieses Lesemaus-Buch gehört:

____

Christian Tielmann

Sabine Kraushaar

Die besten Max-Geschichten für Kita-Kinder

CARLSEN

INHALTSVERZEICHNIS

1

Max geht in den Kindergarten

Max freut sich auf das Ende der Sommerferien.
Denn dann kommt er in den Kindergarten.

Papa und Mama haben schon viele neue Sachen für Max besorgt: eine Brotdose und eine Trinkflasche mit einem Ritter drauf und neue Hausschuhe. Außerdem bekommt Max einen Rucksack. Der ist so groß, dass sogar Kuschel, sein Lieblingskuscheltier, reinpasst. Felix bekommt natürlich auch etwas: einen nagelneuen Turnbeutel und ein Federmäppchen. Der große Bruder von Max geht nämlich schon in die Schule.

Endlich ist es so weit!
Am Montag geht Felix wieder
zur Schule. Mama muss ins Büro.
Und Papa bringt Max zum Kindergarten.
Auf dem Weg treffen sie Pauline,
die beste Freundin von Max.

Im Kindergarten begrüßt
sie eine nette Frau:
„Ihr seid bestimmt Max
und Pauline“, sagt sie.
„Ich bin Rosi, eure Erzieherin.
Herzlich willkommen!“
Max’ Papa und Paulines
Mama kommen heute auch
noch mit rein.

„Hier könnt ihr eure Jacken hinhängen und die Hausschuhe anziehen“, sagt Rosi in der Garderobe. Über jedem Kleiderhaken ist ein Tierbild. Max bekommt sein Lieblingstier: ein Kaninchen! Pauline hat eine Schnecke.

„Das ist aber eine Renn-Schnecke“, sagt Pauline und zieht sich blitzschnell die Hausschuhe an.

„Überall im Kindergarten, wo das Kaninchen drauf ist, sind deine Sachen, Max“, erklärt Rosi.

„Und da, wo die Schnecke drauf ist, sind deine Sachen, Pauline. Bei den Handtüchern und Zahnbürsten und auch bei eurem Eigentumsfach.“

„Was ist denn ein Eigentumsfach?“, fragt Max.

„Kommt mal mit“, sagt Rosi.

Im Gruppenraum zeigt Rosi den beiden ein Regal mit bunten Kisten.
Jedes Kindergartenkind hat hier ein Fach.
„Da könnt ihr die Sachen reintun, die ihr gebastelt habt und mit nach Hause nehmen möchtet“, erklärt Rosi. „Habt ihr noch Frühstücks-Hunger?“
„Na klar!“ Max und Pauline nehmen ihre Brotdosen mit an den Tisch.

Die Stühle im Kindergarten sind
so niedrig, dass man gar nicht draufklettern muss.
„Coole Brotdose“, sagt ein großer Junge, als Max sich neben ihn setzt.
„Ich bin Ben. Und ich werde mal Ritter.“ Max und Pauline essen ihre Brote.
Max' Papa und Paulines Mutter gucken zu.
„Ihr könnt auch gehen!“, sagt Max. „Genau“, schmatzt Pauline.
„Super“, sagt Papa. „Mama holt dich nach dem Mittagessen wieder ab.“
„Tschüss“, sagt Max und gibt Papa einen Abschiedskuss.
Und dann will er von Ben wissen, wie man Ritter wird.

Nach dem Frühstück ruft Rosi alle Kindergartenkinder zum Sitzkreis zusammen. „Heute gibt es etwas Besonderes", sagt sie. „Wir haben zwei neue Kinder: Max und Pauline!"
„Max hat eine Ritter-Brotdose!", ruft Ben. „Cool!", sagt ein anderer Junge. Dann sagen alle Kinder ihre Namen, damit Max und Pauline auch wissen, wie die anderen heißen. Außerdem gibt es noch einen Erzieher: Christoph. Aber so viele Namen kann sich Max nicht auf einmal merken.
„Die lernst du ganz schnell!", sagt Rosi.
Zum Schluss singen alle zusammen ein lustiges Morgenlied. „Sitzkreis ist cool!", flüstert Max Pauline zu. „Supercool!", flüstert Pauline zurück.

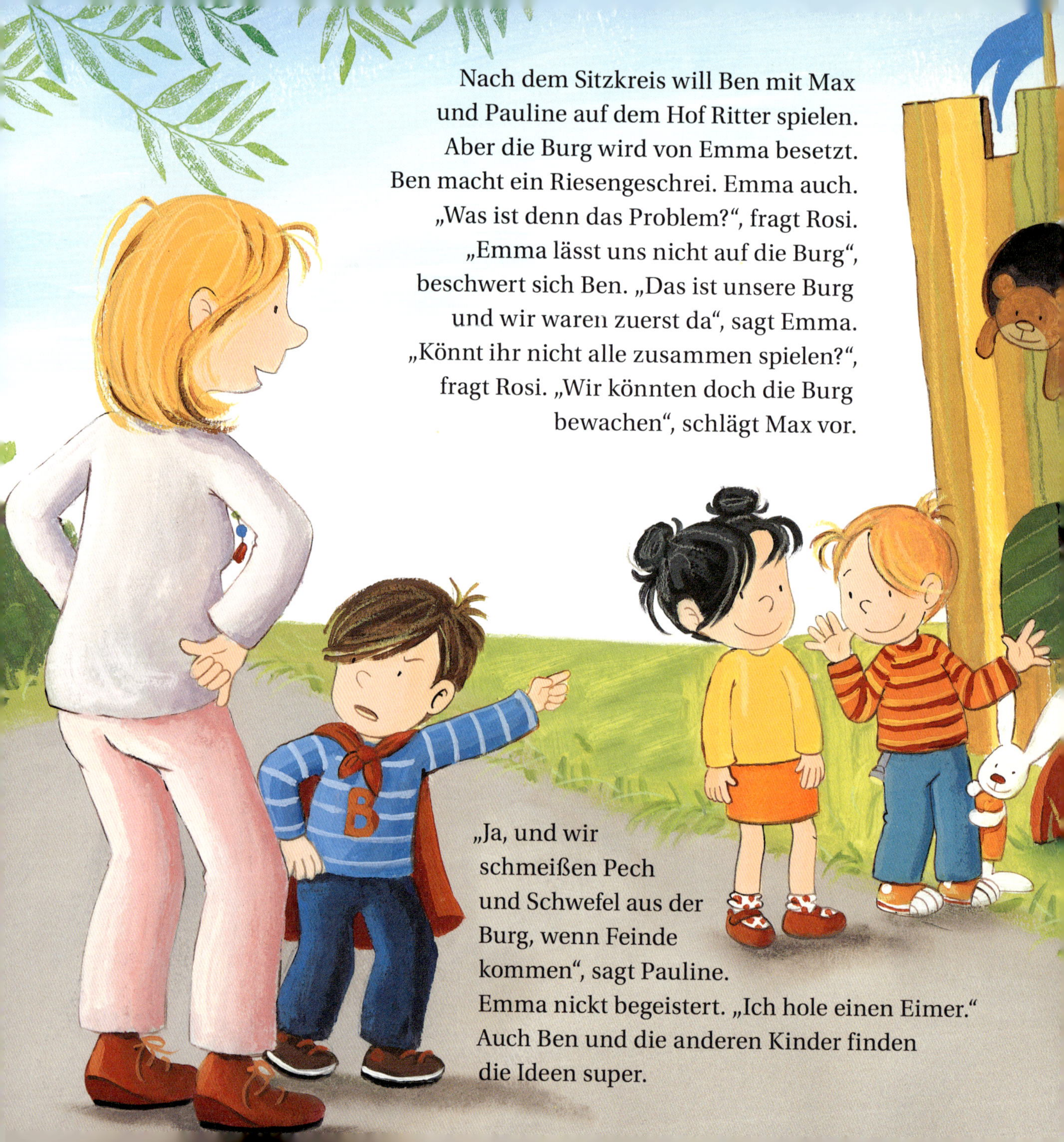

Nach dem Sitzkreis will Ben mit Max und Pauline auf dem Hof Ritter spielen. Aber die Burg wird von Emma besetzt. Ben macht ein Riesengeschrei. Emma auch. „Was ist denn das Problem?“, fragt Rosi. „Emma lässt uns nicht auf die Burg“, beschwert sich Ben. „Das ist unsere Burg und wir waren zuerst da“, sagt Emma. „Könnt ihr nicht alle zusammen spielen?“, fragt Rosi. „Wir könnten doch die Burg bewachen“, schlägt Max vor.

„Ja, und wir schmeißen Pech und Schwefel aus der Burg, wenn Feinde kommen“, sagt Pauline. Emma nickt begeistert. „Ich hole einen Eimer.“ Auch Ben und die anderen Kinder finden die Ideen super.

Zum Mittagessen rufen die Erzieher die Kinder nach drinnen. Alle wünschen sich einen guten Appetit. „Bei uns darf heute der oder die Jüngste anfangen“, sagt Rosi und schiebt die Schüssel mit den Nudeln rüber zu Max und Pauline. Max lacht. „Aber wir haben am selben Tag Geburtstag!“
Da bringt der Koch eine zweite Schöpfkelle. „Dann dürft ihr beide zuerst nehmen.“

Nach dem Essen gibt Christoph Max und Pauline zwei Zahnbürsten. Die beiden putzen sich die Zähne. Dann merkt Max, dass er mal Pipi muss. Und zwar ziemlich dringend.

„Die Klos sind hier!", sagt Christoph. Die niedrigen Klos im Kindergarten findet Max prima. Da baumeln seine Beine gar nicht, wenn er draufsitzt.

„So eins möchte ich auch zu Hause haben“, sagt Max. Christoph lacht.
„Das wäre für dich praktisch. Aber für deine Eltern verflixt unbequem, oder?“

Vor der Mittagspause können Max und Pauline noch ein bisschen spielen. Max malt eine riesige Ritterburg. Mit vielen blauen Zick-zack-krickel-krackel-Zacken. Er ist gerade fertig, als Rosi zur Mittagspause ruft. Max legt das Bild schnell in sein Fach mit dem Kaninchen drauf.

In der Mittagspause legen sich alle Kinder auf die Matratzen im Ruheraum. Christoph liest eine Geschichte vor. Max gähnt und nimmt Kuschel fest in den Arm. „Es war einmal eine zitronengelbe Prinzessin“, liest Christoph. Aber mehr hört Max nicht. Denn da ist er schon eingeschlafen.

„Max, aufwachen!“
Max reibt sich die Augen. Er weiß zuerst gar nicht, wo er ist. Aber dann fällt ihm alles wieder ein: Er ist im Kindergarten. Neben ihm sitzt Mama.
„Komm, wir gehen nach Hause, mein großer Junge!“, sagt sie.
„Kommt nicht infrage“, sagt Max. „Ich muss dir doch erst noch den Kindergarten zeigen!“

Damit ist Mama einverstanden. Max zeigt ihr sein Handtuch und seine Zahnbürste, sein Eigentumsfach mit dem Bild, seinen Kleiderhaken, den Maltisch, den Toberaum, die Kuschelecke und natürlich die große Ritterburg im Hof.

Bald ist Max so gut im Kindergarten eingewöhnt, dass er die Wochenenden gar nicht mehr so super findet. Denn am Samstag und am Sonntag ist der Kindergarten zu.
Aber an einem Wochenende im Herbst macht der ganze Kindergarten einen Ausflug. Alle Kinder fahren mit ihren Eltern in den Wald.
Rosi und Christoph haben eine Schatzsuche vorbereitet. Die Kinder suchen Wollfäden und Pfeile. Denn diese Zeichen führen zum Schatz.
Plötzlich biegt der Weg um eine Ecke. Und vor ihnen liegt ...

… eine echte Ritterburg!

Im Burghof stehen Prinzessin Rosi und Ritter Christoph.
„Unseren Schatz werdet ihr niemals finden!“, sagt Christoph.
Aber Max hat ihn schon entdeckt: eine Kiste voll Süßigkeiten!
„Supercool!“, rufen Max und Pauline und verteilen die Beute an alle.

2

Max lernt Rad fahren

Max klingelt wie verrückt und ruft: „Achtung, klar zum Start! Drei, zwei, eins, null – Rakete los!“ Dann saust er mit seinem Laufrad über den Hof. „Du willst eine Rakete sein?“, fragt sein großer Bruder Felix. „Ich zeig dir mal, wie schnell eine echte Rakete fliegt!“ Felix ist mit seinem Fahrrad wirklich viel schneller als Max mit seinem Laufrad.
Auch Max’ allerbeste Freundin Pauline kann schon Fahrrad fahren.
„Ich brauche ein Fahrrad“, murmelt Max.

In der Garage findet Max das alte Fahrrad von Felix. „Kann ich das haben?“, fragt er seinen großen Bruder.
Felix lacht. „Klar, den Schrotthaufen schenk ich dir! Aber ich glaube nicht, dass du damit noch fahren kannst!“
Auch Pauline guckt sich das Fahrrad genau an. „In den Reifen fehlt jedenfalls Luft.“
Max setzt die Luftpumpe auf das Ventil und pumpt. Aber die Luft zischt direkt wieder heraus. „Das ist ein Platten!“, sagt Felix.
Auch der Rest des Fahrrads sieht nicht gut aus: Die Schutzbleche sind total verbogen und die Klingel fehlt.
„Ich brauche ein neues Fahrrad!“, sagt Max.

Max' Mutter sagt: „Ein neues Fahrrad ist teuer. Aber vielleicht kriegen wir ja das alte von Felix wieder flott!“ Mama zeigt Max, wie man das Vorderrad ausbaut. Dann holt sie den Schlauch aus dem Reifen. „Pump mal den Schlauch auf, Max!“ Max pumpt, während seine Mutter einen Eimer Wasser holt.
„Wozu brauchen wir denn das Wasser?“, fragt Max. „Willst du das Fahrrad etwa waschen?“

Max' Mutter lacht.
„Gute Idee. Aber erst flicken wir den Reifen."
Sie taucht den Schlauch unter Wasser. An einer Stelle blubbern Luftblasen aus dem Schlauch. „Da haben wir ja das Loch!"
Auf diese Stelle darf Max einen Fahrradflicken kleben. Sie bauen das Rad wieder ein, pumpen den Reifen auf und biegen die Schutzbleche zurecht.

„Kann ich jetzt losfahren?“, fragt Max. Eigentlich fehlt dem Fahrrad nur noch eine Klingel. „Erst mal müssen wir dir den Sattel und den Lenker richtig einstellen“, sagt seine Mutter. „Und du brauchst deinen Helm! Der passt noch.“
Sie holt einen Schraubenschlüssel aus dem Werkzeugkasten und stellt den Sattel so tief ein, dass Max mit beiden Füßen auf den Boden kommt.
„Genau wie beim Laufrad!“, freut sich Max.

„Hallo, Max!“ Papa kommt von der Arbeit nach Hause.
„Kannst du die gebrauchen?“
„Supergut!“, ruft Max und schraubt die Klingel,
die sein Vater ihm mitgebracht hat,
sofort an den Lenker.

„Drei, zwei, eins, null – Rakete los!", ruft Max. Aber Mama sagt: „Stopp, Max! Fahrradfahren muss man üben, üben, üben. Wenn du es dann kannst, darfst du von mir aus Rakete spielen."
Während Max die Füße auf die Pedale stellt, hält Mama ihn an der Schulter fest. Sie schiebt ihn ein bisschen an und Max tritt in die Pedale. Er versucht, das Gleichgewicht zu halten. Am Anfang wackelt das Fahrrad noch ganz schön. Aber Max übt und übt und übt. Kurz vor dem Abendessen kann er schon ein Stück alleine fahren.
„Super!", ruft Mama.

Am nächsten Morgen will Max direkt wieder auf sein Fahrrad. „Na, dann zeig mal, was du schon kannst“, sagt Papa. Er schiebt Max beim Losfahren noch an und schon dreht Max seine erste Runde über den Hof.
„Kannst du auch bremsen?“, ruft Papa. „Na klar!“, sagt Max. Er stellt einfach die Füße auf den Boden. Genau wie beim Laufrad. Und das bringt Max auf eine Idee!
Zum Losfahren nimmt er auch genau wie beim Laufrad mit den Füßen Schwung. Erst dann stellt er die Füße auf die Pedale und trampelt weiter. Ganz ohne Papas Hilfe.
„Klasse!“, sagt Papa.

Pauline staunt nicht schlecht, als sie auf den Hof kommt.
„Hast du etwa über Nacht Fahrrad fahren gelernt?“
„Allerdings!“, sagt Max. Nur zum Bremsen benutzt er noch immer seine Füße.
„Du hast doch einen Rücktritt!“, sagt Pauline. Sie zeigt Max, wie sie bremst: Statt mit den Pedalen vorwärtszustrampeln, tritt sie die Pedale vorsichtig nach hinten – schon bremst das Rad. Bei Max’ erstem Bremsversuch läuft Papa lieber wieder neben ihm her. Max merkt, wie stark die Rücktrittbremse ist.
„Das muss ich üben, üben, üben“, sagt er.

Als auch Felix auf den Hof kommt, will Max endlich eine Rakete sein.
Er klingelt mit der nagelneuen Klingel. Dann ruft er: „Achtung, klar zum Start!
Drei, zwei, eins, null – Rakete los!“
Max nimmt Schwung mit den Füßen, stellt einen Fuß auf die Pedale,
rutscht ab und landet plötzlich auf dem Boden. „Autsch!“

Felix läuft sofort zu ihm. „Bist du verletzt?“
„Nö!“, sagt Max und steht wieder auf. Er hat sich nur erschrocken.
Trotzdem ärgert Max sich, weil er keine tolle Rakete war.
„Ich bin am Anfang auch oft hingefallen“, tröstet ihn Felix.
Pauline sagt: „Ich auch! Drei Hosen sind mir dabei kaputtgegangen.“

Felix malt mit Straßenmalkreide eine große Acht auf den Hof. „Da können wir Kurven fahren üben“, sagt er.
„Quatsch!“, sagt Pauline. „Das sind keine Kurven. Der erste Kreis ist der Mond, der zweite ist die Erde und wir sind die Raketen, die drum herumfliegen!“
Das findet Max eine super Idee! Er nimmt Schwung und kurvt immer schön um die Erde und den Mond herum. Mit jeder Runde wird Max sicherer. Und wenn er anhalten will, bremst er mit dem Rücktritt.

Am Sonntagmorgen will Papa joggen gehen. „Kann ich mitkommen?“, fragt Max. Papa runzelt die Stirn. „Aber ich bin doch viel zu schnell!“, sagt er. „Quatsch!“, sagt Max. „Ich nehme natürlich mein Raketen-Fahrrad!“ Das ist eine gute Idee, findet Papa. Er läuft und Max fährt auf seinem Fahrrad nebenher. An jeder Straße bremst Max. Dann gucken er und Papa nach den Autos: Erst links, dann rechts und dann wieder links – und nur wenn kein Auto kommt, überqueren sie die Straße.

Max kann jetzt schon richtig gut Fahrrad fahren. Am Wochenende macht die ganze Familie eine Fahrradtour. Mama hat eine gute Strecke ausgesucht. Es geht fast nur über Feldwege, auf denen keine Autos fahren. Aber plötzlich macht Felix schlapp.

„Irgendwas stimmt nicht mit meinem Fahrrad!“, sagt er.

„Oh nein, du hast einen Platten, Felix“, sagt Papa.

„Kein Problem“, sagt Max.

„Mit Platten in deinen Fahrrädern kenn ich mich ja aus!“

3

Max kocht Spaghetti

Nach dem Abendessen helfen Max und sein großer Bruder Felix beim Abwasch.

„Warum müssen wir immer die Küche aufräumen?", mault Max.

„Weil Mama und ich immer einkaufen und kochen", sagt Papa. „Und wir können schließlich nicht alles machen."

„Und wenn ich einkaufe und koche?“, fragt Max.
„Dann räume ich die Küche auf und Felix hilft mir“, sagt Papa.
„Nein, ich helfe lieber Max“, sagt Felix.
„Dann übernehmen Mama und ich den Abwasch“, sagt Papa.
Das findet Max eine prima Idee. „Morgen koche ich!“

Damit sich das Kochen lohnt, lädt Max seine allerbeste Freundin Pauline ein. Die hilft auch beim Kochen. Und ihre Mutter darf zum großen Abendessen kommen. Das haben Papa und Mama erlaubt.
„Was kochen wir denn?“, fragt Pauline. „Pizza oder Pommes?“
„Pasta“, sagt Max.
„Das habe ich noch nie gegessen“, sagt Pauline.
„Doch, hast du. Pasta ist das italienische Wort für Nudeln! Wir kochen Spaghetti. Ich kenne ein superleckeres Rezept“, sagt Max.
Max und Pauline gucken im Kinderkochbuch nach, was sie für die Soße brauchen. Dabei hilft ihnen Felix, denn er kann schon lesen.

„Olivenöl, Salz und Pfeffer braucht ihr nicht zu kaufen“, sagt Mama. „Das haben wir noch im Schrank.“ Felix schreibt alles, was sie kaufen müssen, auf den Einkaufszettel. Mama gibt ihnen Geld. Max nimmt seinen Rucksack mit.

Im Supermarkt kaufen Max, Pauline und Felix zwei Packungen Spaghetti, ein Paket Butter und ein großes Stück Parmesan-Käse. Auf dem Markt holen sie ein Kilo Tomaten, einen Topf Basilikum und eine Knolle Knoblauch.

„Gibt's bei euch heute Spaghetti mit Bolognese-Soße?", fragt der Gemüsehändler.

„Nein, bei uns gibt es heute Spaghetti mit Max-Soße!", sagt Pauline.

Für die Tomatensoße müssen die Tomaten gewaschen und in Würfel geschnitten werden. Max und Pauline waschen die Tomaten unter kaltem Wasser.
„Beim Tomatenschneiden möchte ich aber helfen“, sagt Papa.
„Na gut“, sagt Max. Denn die scharfen Messer darf er noch nicht allein benutzen.

Papa und Felix halbieren die Tomaten.
„Die grünen Stielansätze schneiden wir raus“, sagt Papa.
Felix zerteilt die Hälften noch einmal. Dann schneidet er sie quer durch, sodass Würfel übrig bleiben.
Das Geschnippel dauert ganz schön lange. Max und Pauline reiben in der Zwischenzeit schon mal den Parmesan-Käse.

„Es ist schwierig, Knoblauch zu schälen", sagt Papa.
„Da kenne ich einen Trick!" Pauline legt eine ganze Knoblauchknolle auf ein Brett. Dann nimmt sie einen kleinen Stieltopf und haut damit einmal kräftig auf die Knoblauchknolle.

Danach lassen sich die Knoblauchzehen ganz leicht schälen.
Den Knoblauch steckt Max in die Knoblauchpresse.
Das Durchdrücken geht schwer. Max drückt, so fest er kann.
Da flutscht der zerdrückte Knoblauch endlich durch die Presse.
„Geschafft!“, freut sich Max.

„Denkt ihr ans Nudelwasser?“, fragt Papa.
„Das dauert ja ein bisschen, bis es kocht.“
Max lässt Wasser in einen großen Kochtopf laufen.
Felix stellt den schweren Topf auf den Herd und
Papa legt einen Deckel auf den Topf.
„Darf ich einschalten?“, fragt Max.
Papa nickt. „Volle Kanne!“
Max dreht den Schalter der Herdplatte auf die
höchste Stufe.

Pauline hat das Basilikum gewaschen. Die Blättchen zupfen sie und Max von den Stängeln. Die drei schönsten Basilikumblättchen legt Max beiseite. „Die brauchen wir später noch", sagt er.
Die restlichen Basilikumblätter hacken Max und Pauline klein.

Das Wasser für die Nudeln kocht schon.
Max schüttet fünf Teelöffel Salz in das Wasser.
Dann kommen die Spaghetti dazu.
„Die müsst ihr immer mal wieder umrühren, sonst kleben sie zusammen“, sagt Papa.

„Und wie lange müssen die Nudeln kochen?“, fragt Pauline. Felix guckt auf der Packung nach und stellt die Eieruhr auf neun Minuten.

In einen zweiten Topf schüttet Max vier Esslöffel Olivenöl. Pauline schneidet ein Stück Butter ab. Etwa so viel, wie sie auf zwei Brotscheiben schmieren würde. Das Butterstückchen gibt sie zum Olivenöl in den Topf. Jetzt darf Pauline die Platte anstellen. „Volle Kanne?“ – „Unbedingt“, sagt Papa.

Inzwischen ist das Olivenöl heiß. Und die Butter ist geschmolzen.
„Tomaten-Matsche marsch!“, ruft Max.
„Vorsicht, das kann spritzen!“, warnt Papa.
Max schiebt die Tomaten und den Knoblauch vorsichtig vom Brett in den Topf. Das zischt und spritzt ganz schön.
Pauline rührt die Tomaten um, damit nichts anbrennt.

Sie drehen die Hitze ein bisschen kleiner und rühren immer wieder um. Max würzt die Soße mit etwas Pfeffer und zwei Prisen Salz. Eine Prise ist so viel, wie zwischen seinen Daumen und Zeigefinger passt.

Ein paar Minuten später ist aus den Tomaten eine schöne blubbernde Matsche geworden. Max streut das Basilikum in die Soße und rührt um.

Dann probiert Max die Soße. „Lecker!“
Pauline probiert auch. „Mmmh!“
Mama guckt in die Küche. „Lasst noch was übrig!“

Da klingelt der Nudelwecker. Max stellt ein großes Sieb ins Spülbecken. Dahinein müssen sie die Nudeln gießen. Aber das macht Papa, weil der Topf so schwer ist. Max, Pauline und Felix decken schon mal den Tisch.

Jetzt ist alles fertig. Mama hilft beim Umfüllen der Tomatensoße in eine schöne Schüssel. Obendrauf legen Max und Pauline die drei schönsten Basilikumblättchen als Verzierung. Die Spaghetti und den geriebenen Parmesan schütten sie ohne Schmuck in die Schüsseln.

Da klingelt es an der Tür. Paulines Mutter kommt. „Bin ich zu spät?“, fragt sie. „Nein, genau richtig!“, sagt Max. „Das Essen kommt gerade auf den Tisch.“

„Schmeckt super!“, lobt Mama.
„Schmeckt lecker!“, lobt Papa.
„Schmeckt superlecker“, lobt Paulines Mama.
Und Felix sagt: „Von mir aus können wir jetzt immer kochen.“
„Au ja! Jeden Tag Pasta!“, sagt Max.
„Oder Pizza oder Pommes oder Pudding“, sagt Pauline.
„Oder Pfannkuchen. Das gibt eine riesige Eier-Matsche!“
Max lacht.

„Und wer macht die Sauerei in der Küche weg?“, fragt Paulines Mama. Da antworten Max und Felix wie aus einem Mund: „Mama und Papa natürlich! Wir können schließlich nicht alles machen.“
Papa und Mama sehen sich an. Dann murmelt Papa: „Morgen kauf ich eine Spülmaschine.”

Spaghetti mit Max-Soße

Zutaten (für vier Portionen):

500 g (rohe) Spaghetti

1 kg reife Tomaten (falls es die nicht gibt, kann man auch geschälte Tomaten aus der Dose nehmen)

1–2 Knoblauchzehen (wer keinen Knoblauch mag, kann eine kleine Zwiebel nehmen, klein schneiden und vor den Tomaten im Öl andünsten)

1 Bund Basilikum

Salz, Pfeffer

200 g geriebenen Parmesan-Käse

2–3 Esslöffel Olivenöl

1 Esslöffel Butter

So geht's:

Tomaten würfeln, Knoblauch schälen und pressen.
Basilikum waschen und Blätter fein hacken.
Tomaten mit Knoblauch in Öl und Butter dünsten.
Wenn die Tomaten zusammengefallen sind, Basilikum dazugeben und mitkochen.
Mit Salz und Pfeffer abschmecken.
Nudeln kochen wie auf der Packung beschrieben.
Fertige Nudeln mit Tomatensoße auf den Teller geben.
Wer mag, streut sich Parmesan drüber.

Guten Appetit!

4

Max auf der Baustelle

Max und seine allerbeste Freundin Pauline spielen im Kindergarten Bauarbeiter.
„Wir bräuchten einen Bagger!“ Max schwitzt ganz schön. Er gräbt mit der Schaufel eine tiefe Baugrube in den Sand.
„Und einen Betonmischer.“ Pauline rührt schon eine schöne Matschepampe zusammen. Das soll der Beton werden.
Plötzlich hören sie ein lautes Krachen.
Erschrocken schauen Max, Pauline und die anderen Kinder rüber zum Nachbargrundstück. Da reißen Bauarbeiter mit einem großen Bagger das alte Haus ab.

„Cooler Bagger!“, sagt Max. „Was da wohl hinkommt, wenn das alte Haus weg ist?“

„Vielleicht ein tierisch tiefes Loch für Beton“, schlägt Pauline vor.

„Oder eine Ritterburg“, sagt Ben.

Ein paar Tage später macht der Kindergarten von Max einen Ausflug in das Büro von Herrn Baumann.
„Herr Baumann ist von Beruf Architekt“, erklärt Rosi, die Erzieherin.
„Er baut das neue Haus neben unserem Kindergarten.“
„Sie saßen aber gar nicht im Bagger!“, sagt Max.
Herr Baumann lächelt. „Das stimmt. Ich baue das Haus eigentlich gar nicht selbst. Ich überlege nur zusammen mit den Leuten, denen das Haus gehören wird, wie es aussehen soll. Dann zeichne ich Pläne und passe auf, dass die Bauarbeiter auf der Baustelle alles genau nach diesen Plänen machen.“
Herr Baumann zeigt Max und den anderen eine Zeichnung von dem neuen Haus. Sieht ganz hübsch aus, finden die meisten. Nur Ben ist etwas enttäuscht. Eine Ritterburg wäre ihm lieber.

Nach dem Abriss des alten Hauses graben die Bauarbeiter eine Grube. Die wird viel tiefer als das Loch, das Max und Pauline im Sandkasten gegraben haben. Aber die Bauarbeiter haben ja auch einen Bagger.
Max und Pauline entdecken einen Bauwagen. In dem können die Bauarbeiter ihre Brote essen und Kaffee trinken, wenn sie Pause machen.

„Sieht gemütlich aus“, findet Max.
Das muss sogar Mama zugeben,
als sie Max und Pauline vom
Kindergarten abholt.
„Und wenn die Bauarbeiter mal
Pipi müssen?“, fragt Pauline.
„Dann gehen wir auf unser Klo!“, sagt
einer der Bauarbeiter und zeigt rüber zu
dem kleinen Plastik-Klohäuschen.

„Juhu, heute gibt's Beton!", freut sich Pauline. Sie hat einen Lastwagen gesehen, auf dem hinten in einer Trommel Sand, Zement und Wasser gemischt werden. Das gibt Beton.
Auch Max schaut zu, was die Bauarbeiter machen. Heute wird die Bodenplatte gegossen. In der Baugrube liegen Eisengitter auf dem Boden.
„Wieso liegen denn da noch diese Schrottgitter rum?", fragt Max.
„Können die Bauarbeiter nicht aufräumen?"
Aber Rosi kennt sich mit Betonarbeiten bestens aus: „Die Gitter heißen Bewehrung. Beton wird hart wie Stein, wenn er trocknet. Aber er bricht leicht durch. Außer wenn man diese Metallgitter mit einbetoniert."
Max staunt. Was Rosi alles weiß, ist der Hammer.

Die Außenwände des Hauses werden nicht betoniert. Die bauen die Maurer Stein auf Stein nach den Plänen des Architekten. Dabei setzen sie die oberen Steine immer über die Lücke, die sogenannte Fuge, zwischen den unteren Steinen. Das macht Max auch so, wenn er mit Bausteinen einen Turm oder eine Ritterburg baut. Dann hält die Mauer besser.

Außerdem haben die Maurer noch einen Trick: „Guck mal, die dürfen ihre Bausteine mit Matschepampe einschmieren!“, sagt Max.
„Cool!“, findet Pauline.
Die Matsche, die die Bauarbeiter benutzen, heißt Mörtel. Der Mörtel wird hart, wenn er trocknet.

Die neuen Nachbarn laden den ganzen Kindergarten zum Richtfest ein. Manche Wörter beim Häuserbauen sind seltsam, findet Max. Das Richtfest hat nichts mit einem Richter zu tun. Es wird gefeiert, wenn die Zimmerleute den Dachstuhl aufgestellt haben.

Der Dachstuhl ist gar kein Stuhl, sondern ein Holzgerippe, das das Dach tragen soll. Auf den Dachstuhl kommen später die Dachpfannen. Das sind aber keine Bratpfannen, sondern Dachziegel.
Beim Richtfest bedankt sich der Bauherr auch bei den Nachbarn für ihre Geduld. Denn durch die Baustelle gibt es viel Dreck und Krach.
„Macht nichts“, sagt Pauline. „Wenn wir spielen, gibt’s auch immer Dreck und Krach.“

Damit es nicht ins Haus reinregnet, kommen die Dachdecker. Sie legen erst eine dicke Dämmschicht auf den Dachstuhl.
„Sieht aus wie eine Winterjacke“, sagt Max.
Dann nageln die Dachdecker Querlatten fest.
Auf diese Latten legen sie die Dachpfannen.
Auf der Südseite des Daches, wo die Sonne besonders viel hinscheint, werden Sonnenkollektoren für warmes Wasser montiert.
Außerdem bekommt das Haus jetzt auch Fenster.
„Das Haus ist schon fast fertig“, glaubt Max.
Aber bis zum Einzug der neuen Nachbarn dauert es noch ganz schön lang.

„Was machen die denn mit dem Feuerwehrschlauch?“, fragt Max, als Papa ihn vom Kindergarten abholt. „Die verputzen das Haus“, erklärt Papa. „Putzen? Das Haus ist doch noch gar nicht fertig!“, sagt Max. „Verputzen. Nicht putzen. Der Putz ist die äußere Schutzschicht der Wände“, erklärt Papa. Die Verputzer werfen den Putz mit einem Schlauch an die Wand und streichen ihn dann schön glatt.

„Das wird aber ein graues Haus.“ Max ist enttäuscht. Bunter hätte er das Haus schöner gefunden. Papa kann Max beruhigen. Das Haus wird später bestimmt noch von außen gestrichen.

Tatsächlich ist das Haus ein paar Wochen später leuchtend gelb angestrichen.
„Ziehen unsere neuen Nachbarn bald ein?“, fragt Max Herrn Baumann, der sich die Baustelle ansieht.
Aber der Architekt schüttelt den Kopf: „Jetzt kommt noch der ganze Innenausbau dran. Eure neuen Nachbarn brauchen ja auch eine Heizung, ein Waschbecken und ein Klo. Außerdem möchten sie eine Tapete an der Wand und einen Holzboden unter den Füßen haben. Und Steckdosen müssen auch noch eingebaut werden.“
„Das würde ich gerne mal von innen sehen“, sagt Max.
Herr Baumann verspricht, dass er die neuen Nachbarn fragen wird, ob sie Max und Pauline das Haus zeigen wollen.

Ein paar Tage später ist es so weit. Max, seine Mutter und Pauline dürfen mit dem Besitzer das neue Haus besichtigen.
Es ist noch nicht alles fertig. Eine Malerin streicht gerade das Wohnzimmer und ein Fliesenleger legt Fliesen im Badezimmer.
„Wie gut, dass ich euch schon kennenlerne", sagt der Bauherr, Herr Thomas.

„Ich ziehe nämlich nicht alleine hier ein, sondern mit meiner Familie. Und mein Sohn Emil ist genau in eurem Alter."

„Kommt er zu uns in den Kindergarten?", fragt Max.

Herr Thomas nickt. „Wenn ihr noch einen Platz frei habt."

„Für einen Emil ganz bestimmt", sagt Pauline.

Endlich ist das neue Haus fertig
und ein großer Umzugswagen steht vor der Tür.
Zwischen Kisten, Möbeln, Teppichen und Kühlschrank
entdecken Max und Pauline einen Jungen. Das ist Emil! Und für
den hat Rosi wirklich noch einen Platz im Kindergarten frei.
„Hallo, Emil! Kommst du ab morgen zu uns?“, fragt Max.

„Das mache ich“, sagt Emil.
„Was spielt ihr denn am liebsten?“
Da müssen Max und Pauline
nicht lange nachdenken …

... Bauarbeiter! Ist doch logisch!

5

Max räumt auf

Max möchte ein knallbuntes Bild malen. Aber er findet seine Wasserfarben nicht. Am Platz der Wasserfarben liegt kein Wasserfarbkasten, sondern Kuschel, sein liebstes Kuscheltier. Im Spielzeugschrank findet Max die Wasserfarben auch nicht.

Am besten räum ich alles aus, dann müssen sie ja rauskommen, denkt Max. Er schüttet die Autos aus der Autokiste auf den Teppich. Da tauchen jede Menge Autos auf und ein Tennisball. Aber keine Wasserfarben. Er leert auch die Bausteinkiste aus. Darin sind Bausteine, eine Socke, ein Ticket für die Seilbahn und eine Flöte. Aber die Wasserfarben sind verschwunden.

Max läuft zu Mama und Papa. Sie sind
im Keller und versuchen, das Gerümpel aufzuräumen.
„Meine Wasserfarben sind weg!“, sagt Max.
Seine Mutter schiebt eine Kiste ins Regal. „Dann musst du sie suchen.“
„Hab ich schon gemacht!“, sagt Max.
„Auch im Spielzeugschrank?“, fragt Papa.
„Da ganz besonders“, sagt Max.
„Dann male doch mit Buntstiften“, schlägt Mama vor.

Aber Max will ein knallbuntes Bild mit dem Pinsel malen. Und dafür braucht er die Wasserfarben. Endlich kommt Papa aus dem Kellergerümpel geklettert. „Ich helf dir suchen“, sagt er.

„Oh, nein! Hast du etwa ‚Schatzinsel' gespielt?", fragt Papa, als er in Max' Zimmer kommt. Wenn Max „Schatzinsel" spielt, schmeißt er alle Spielsachen auf einen großen Berg. Der ist dann die Insel voller Schätze. „Du musst dringend aufräumen, Max", sagt Papa. „Dann kommt der Farbkasten bestimmt irgendwo raus."

„Och nö“, murmelt Max. Er wollte doch ein Bild malen und nicht aufräumen. Mama und Papa räumen ja schon auf. Reicht das nicht?

„Ich helfe dir auch“, verspricht Papa. „Aber erst nach dem Mittagessen.“

„Gut, dann helfe ich dir, falls du im Keller ‚Schatzinsel‘ spielen willst“, sagt Max.

Nach dem Mittagessen räumen Max und Felix mit ihren Eltern den Tisch ab. „Wozu muss man eigentlich immer alles wegräumen?“, fragt Max. „Die Teller könnten wir doch auch fürs Abendessen stehen lassen. Das wäre viel praktischer.“
Mama schüttelt den Kopf: „Erstens wäre das nicht praktisch, sondern eklig, weil der Teller noch voller Soße ist. Und zweitens finden wir die Teller und Gläser schneller, wenn wir wissen, wo sie sind. Dafür müssen wir sie eben in den Schrank räumen und vorher natürlich abspülen.“

Kurz darauf kommt Pauline, die allerbeste Freundin von Max, zu Besuch. Aber zum Spielen haben sie keinen Platz. Max muss ja erst aufräumen.
„Macht nichts“, sagt Pauline fröhlich. „Dann spielen wir eben ‚Aufräumen‘. Kennst du ‚Blitzaufräumen‘?“
„Nein, wie geht das denn?“, fragt Max.
„Wir nehmen den ganzen Schatzinselberg und stopfen ihn in den Schrank!“
Die Idee findet Max super. Schon nach fünf Minuten sind Max und Pauline fast fertig. Ein paar Sachen passen leider nicht mehr in den Schrank.

„Ich brauche einen zweiten Schrank“, sagt Max zu Mama, die Sachen aus dem Keller in die Garage räumt.
„Wozu das denn?“, fragt Mama.
„Wir haben aufgeräumt und jetzt ist der Schrank voll“, erklärt Pauline. „Der Rest passt nicht mehr rein.“

Mama kommt mit in Max' Zimmer.
Sie will sich diesen merkwürdigen
Schrank mal ansehen.
Sie öffnet die Türen und …

… der ganze Schatzinselberg purzelt ihr entgegen.
„Max, so geht das nicht!“, sagt Mama. „Aufräumen heißt, dass man die Sachen an ihren Platz räumt. Du musst erst mal sortieren. Und dann räumst du jedes Teil dorthin, wo es hingehört.“
„Okay“, sagt Max.
„Okay“, sagt auch Pauline. „Dann spielen wir erst mal ‚Sortieren‘.“

„Wir sortieren alles nach Farben“, schlägt Pauline vor. „Ich nehme die blauen Sachen.“

„Und hier kommen die roten hin“, sagt Max und legt ein Feuerwehrauto neben die roten Bausteine.

Auch die gelben, orangen, grünen, schwarzen und weißen Sachen legen Max und Pauline auf kleine Hügel.
„Was machen wir mit den knallbunten Socken?“, fragt Max. „Und wo kommen die ekligen Reste von der Knete hin?“
Pauline weiß auch nicht weiter.
„Außerdem ist das Mist, wenn ich mich anziehen will und erst überlegen muss, welche Farbe meine Socken oder Unterhosen haben.“

Max und Pauline sehen sich ihre Farb-Hügel an. Schön sortiert sieht es jetzt aus. Aber richtig praktisch zum Sachenfinden ist es nicht.
Und der Wasserfarbkasten ist auch nicht aufgetaucht.

Endlich hat Papa Zeit zum Helfen.
„Ich glaube, wir brauchen vier Haufen", schlägt Papa vor. „Der erste ist für Müll. Da kommen die Sachen hin, die du wegschmeißen willst."
„Ich schmeiß doch nicht meine Spielsachen weg!", ruft Max sofort.
„Natürlich nicht", sagt Papa. Er hält Max die ekligen Knete-Reste hin.
„Aber so was – brauchst du das noch?"

Max schüttelt den Kopf. Die Knete ist so alt und bröselig, die kann er echt nicht mehr gebrauchen. Und auch die Schnipsel vom Basteln können weg.
„Der zweite Haufen ist der Verschenk-Berg“, sagt Papa. „Darauf kommen die Sachen, die du verschenken willst, weil du sie nicht mehr brauchst.“
Auf den ersten Blick fällt Max da nichts ein.
Aber dann entdeckt Pauline die alte Babyrassel.
„Die können wir Baby Matti schenken“, sagt Max.

„Der dritte Haufen kommt in diesen Karton: Das ist die Schatzkiste!“, sagt Papa. „Da kommt das Zeug rein, mit dem du nicht spielst, das aber kein Müll ist und das du auch nicht weitergeben willst.“ „Das Ticket von der Seilbahnfahrt“, sagt Max und legt es in den Karton.

„Und wo kommt die Schatzkiste nachher hin?“, fragt Pauline. „Vergraben wir die im Garten, wie echte Piraten?“
Max nickt. „Sicher ist sicher. Dann findet sie keiner mehr!“
Papa lacht. „Ich glaube, es reicht, wenn wir die auf dem Dachboden verstecken, oder?“
Das ist eine gute Idee, denkt Max. Denn auf dem Dachboden findet auch keiner was.
Den restlichen Kram braucht Max echt noch, zum Spielen, Basteln und Anziehen. Jetzt passt auch alles in die Kisten und Fächer. Ganz unten in der Kuscheltierkiste entdeckt Max schließlich etwas:
„Juhu! Da ist ja der Wasserfarbkasten!“

Endlich ist das ganze Zimmer
von Max aufgeräumt.
„Und was spielen wir jetzt?“, fragt Pauline.
„Vielleicht Schatzinsel?“
Aber Max schüttelt den Kopf. „Lieber nicht. Jetzt haben wir endlich Platz zum Malen.“
Er holt Wasser und Mama kommt sogar mit einem extragroßen Papier.

„Das ist eine alte Tapete, die hab ich beim Aufräumen in der Garage gefunden“, sagt Mama. „Könnt ihr die gebrauchen?“
„Na klar!“, ruft Max. Er und Pauline wissen schon genau, was sie darauf malen. Ein richtig großes und knallbuntes …

… Schatzinselbild.

6

Max feiert Geburtstag

Max freut sich schon riesig auf seinen Geburtstag.
„Nur noch sieben Mal schlafen! Und dann feiern wir, was das Zeug hält!“, sagt Max.
„Weißt du denn schon, wen du einladen willst?“, fragt Mama.
„Weißt du schon, was du dir wünschst?“, fragt Papa.
Natürlich weiß Max das alles. Ben, Nico, Emil, Pauline und Max' großer Bruder Felix sollen die Gäste sein.
„Ich wünsche mir einen Superflitzer, aber am allermeisten einen Drachenritter und eine echte Nudelmaschine.“
Mama und Papa grinsen. Nudeln sind für Max das Allergrößte. Deshalb feiert er auch einen Spaghetti-Geburtstag. Für den hat er tolle Einladungskarten gebastelt, mit Spaghetti aus Wolle.

Am nächsten Morgen gibt Max Pauline eine Einladungskarte.

„Ich lade dich zu meinem Geburtstag ein.“

„Und ich lade dich zu meinem Geburtstag ein“, sagt Pauline.

„Eigentlich hättet ihr auch zusammen feiern können“, sagt Mama. Denn Max und Pauline haben am selben Tag Geburtstag. Das findet Max eine prima Idee. Aber Pauline schüttelt den Kopf und grinst. „Ich feiere meinen Kindergeburtstag einen Tag später. Dann kriegen wir zweimal Kuchen und Süßigkeiten!“ Die Idce findet Max noch viel besser. Manchmal ist Pauline echt schlau, denkt er.

Am Tag vor seinem Geburtstag ist Max so aufgeregt. Ob er wohl den Drachenritter und eine echte Nudelmaschine bekommt? Beides wünscht er sich so sehr, dass er rumzappelt, bis das halbe Haus rappelt.

„Ich habe ein tolles Beruhigungsmittel für dich“, sagt Papa. Max spitzt die Ohren.

„Aufräumen!“, sagt Papa. „Schließlich kommen morgen eine Menge Gäste.“

Da hat Papa recht. Also räumt Max auf, obwohl er das normalerweise nicht sehr gerne macht. Weil er so aufgeregt ist, räumt er besonders schnell auf. Erst schiebt er in seinem Zimmer allen Kram unters Bett. Dann stopft er alles, was im Wohnzimmer rumliegt, in die Schubladen. Max räumt sogar die Zahnbürsten im Badezimmer weg, bis Papa ruft: „Stopp! Das reicht! Ich find ja nichts mehr wieder.“

Trotz der Aufräumerei kann Max
am Abend nicht einschlafen.
Also war das kein besonders
beruhigendes Beruhigungs-
mittel. Das hat sich Max
gleich gedacht. Plötzlich
riecht es nach Kuchen.
Da kribbelt es wieder vor
Freude in Max' Bauch.
Als er dann auch noch
Stimmen an der Haustür
hört, hält Max es nicht
mehr aus im Bett.
Er schleicht sich aus
dem Zimmer.

Ein Nachbar gibt Papa zwei Pakete.
„Danke. Kriegt ihr morgen zurück“, flüstert Papa.
Max kriecht wieder unter seine Bettdecke.
Ob das Geschenke für ihn sind? Aber dann
kriegen die Nachbarn die bestimmt nicht wieder!
Geschenkt ist geschenkt.

„Herzlichen Glückwunsch!“

Endlich ist er da: der große Tag. Mama, Papa und Felix wecken Max mit einem Geburtstagslied. Sogar Zorro, das Kaninchen von Max, wackelt noch fröhlicher als sonst mit der Schnauze.

Das Wohnzimmer und der Frühstückstisch sind für Max festlich geschmückt. Max packt seine Geschenke aus. In einem ist eine Kochschürze, die hat Felix bemalt. Jetzt liegen noch zwei Pakete da. Max nimmt das leichtere zuerst. Der Drachenritter! Max jubelt. Zum Schluss packt er das größte Paket aus. Darin ist eine echte Nudelmaschine! „Danke, Felix, danke, Mama, danke, Papa!"
Ein Tag, der so schön anfängt, kann ja nur gut werden. Aber wo sind die zwei Pakete, die er heute Nacht gesehen hat? Max wundert sich.

„Herzlichen Glückwunsch!“, sagt Max zu Pauline im Kindergarten. Schließlich hat sie heute ja auch Geburtstag.
„Selber herzlichen Glückwunsch!“, sagt Pauline und lacht. „Hast du den Drachenritter bekommen?“
Max nickt. „Super!“ Pauline strahlt.
„Ich hab den Löwenritter gekriegt! Da können wir prima zusammen spielen!“

Rosi, die Erzieherin, hat auch ein Geschenk für Max und Pauline: Geburtstagskronen. Max hat Zitronenkuchen mitgebracht. Pauline hat Schokoladenkuchen dabei.
„Dann kriegen wir ja sogar doppelt Kuchen!“, freut sich Ben.
„Aber vorher müssen wir auch doppelt singen“, sagt Rosi.
Alle singen ein Geburtstagslied für Pauline und eins für Max.

R

Am Nachmittag kommen Ben, Pauline, Emil und Nico zu Max' Kindergeburtstag. Von seinen Freunden bekommt er noch mehr Geschenke: ein schönes Buch und ein paar Zauberstifte und eine selbst gebastelte Hütte für den neuen Drachenritter. Max freut sich riesig.

Alle sehen sich den Drachenritter an. Aber am meisten staunen sie über die glänzende Nudelmaschine. Die hat eine Handkurbel an der Seite und Walzen und ein Schneidewerk eingebaut.

„Damit kann man den Teig ganz fest ausrollen. Und zu Spaghetti schneiden", erklärt Max.

„Tolle Maschine", sagt Nico.

„Möchtet ihr noch Kuchen essen?", fragt Mama.

„Na klar!", ruft Ben.

Nach dem Kuchenessen geht Mama mit Max und seinen Freunden nach draußen auf Schatzsuche. Die Spur führt von Max' Zuhause auf den Spielplatz. Es dauert nicht lange, bis die Freunde die Schatzkiste gefunden haben. Ben stürzt sich direkt auf die Süßigkeiten in der Kiste.
Max wird sauer. „Kriegt Ben alles, oder wie?"

Felix nimmt Ben die Kiste ab. „Jeder darf sich was aussuchen. Max und Pauline dürfen anfangen, weil sie die Geburtstagskinder sind."
Damit ist auch Ben einverstanden.
Unten in der Kiste finden die Freunde kleine Kochmützen-Radiergummis.
„Ich könnte schon wieder was essen", sagt Ben.
„Ihr könnt zu Hause erst mal was kochen!", meint Mama.
„Au ja!", ruft Max. „Spaghetti!"

Zu Hause hat Papa schon alles für die Nudeln vorbereitet. Er hat nicht nur Max' neue Nudelmaschine aufgebaut, sondern auch noch zwei andere. „Die haben uns die Nachbarn ausgeliehen", sagt Papa. „So können wir gleichzeitig an drei Nudelmaschinen arbeiten und jeder hat was zu tun." Das waren also die geheimnisvollen Pakete von gestern Abend! Max ist froh, dass es keine Geschenke waren. Die Nudelmaschinen können sie ruhig wieder zurückgeben.

Der Teig muss sieben Mal durch die Walzen der Nudelmaschine geschoben werden. Damit nichts festklebt, brauchen sie jede Menge Mehl. Das staubt ganz schön! Bald sehen alle aus wie Mehlgespenster. Nach dem Auswalzen schneiden sie die Teigplatten in der Nudelmaschine zu dünnen Spaghetti. Die fertigen Spaghetti hängt Mama an eine lange Wäscheleine, die sie quer durch die Küche gespannt hat.

Zum Abendessen gibt es beim Spaghetti-Geburtstag natürlich die selbst gemachten Spaghetti mit Tomatensoße.
„Die sind schön flutschig!“, sagt Nico. Er saugt eine Nudel in den Mund. Dabei spritzt etwas rote Soße quer über den Tisch und landet auf Paulines Nasenspitze.
„Na warte, das kriegst du wieder, Nico!“ Pauline lacht und schlürft auch eine Nudel rein, dass es nur so spritzt.

Papa holt schnell ein paar alte T-Shirts.
„Zieht die mal lieber über, ihr Spaghetti-Monster!“
„Dürfen wir die Nudeln jetzt reinschlürfen?“, fragt Max.
Er braucht kein T-Shirt, schließlich hat er die neue
Schürze von Felix an. Was für eine herrliche Schweinerei
und außerdem ein Riesenspaß, findet Max.

Nach dem Essen sind alle pappsatt. Sogar Ben kann nichts mehr essen. Als die Kinder von ihren Eltern abgeholt werden, gibt Max jedem Gast noch eine kleine Abschiedstüte. Darin sind ein kleiner Ritter und süße Gummi-Spaghetti.

„Bevor ich es vergesse: Zu Hause esst ihr Nudeln mit Soße aber bitte wieder ganz normal!“, flüstert Papa den Kindern zu. „Schlürfspaghetti gibt es nur beim Geburtstag.“

Abends fällt Max glücklich ins Bett.
„Danke, Mama, danke, Papa, danke, Felix! Der Drachenritter ist super. Die Schürze ist super. Die Nudelmaschine ist super. Der ganze Tag war super! Und morgen feiern wir bei Pauline weiter!“

Die LESEMAUS ist eine eingetragene Marke des Carlsen Verlags.

Alle Bücher im Internet: lesemaus.de
Newsletter mit tollen Lesetipps kostenlos per E-Mail: carlsen.de

Mit Fragen zur Produktsicherheit wenden Sie sich bitte an: carlsen.de/kontakt

Sonderausgabe im Sammelband
© Carlsen Verlag GmbH, Völckersstraße 14–20, 22765 Hamburg 2025
ISBN: 978-3-551-68118-8
Umschlagkonzeption der Reihe: Gunta Lauck
Illustration der Lesemaus:
Hildegard Müller, Dorothea Tust, Karin Kröll, Steffen Meier
Umschlag- und Innenillustrationen: Sabine Kraushaar
Lesemaus-Redaktion: Anja Kunle
Lektorat: Constanze Steindamm
Lithografie: ReproTechnik Fromme, Hamburg

Max geht in den Kindergarten
© Carlsen Verlag GmbH, Hamburg 2016

Max lernt Rad fahren
© Carlsen Verlag GmbH, Hamburg 2011

Max kocht Spaghetti
© Carlsen Verlag GmbH, Hamburg 2017

Max auf der Baustelle
© Carlsen Verlag GmbH, Hamburg 2020

Max räumt auf
© Carlsen Verlag GmbH, Hamburg 2022

Max feiert Geburtstag
© Carlsen Verlag GmbH, Hamburg 2021

FSC www.fsc.org
MIX
Papier | Fördert gute Waldnutzung
FSC® C018236

VORLESEN LEICHT GEMACHT

Liebe Eltern,
Vorlesen macht allen Spaß: Ihrem Kind beim Zuhören und Ihnen beim Vorlesen.

Einfach anfangen!
Vorlesen braucht keinen großen Zeitaufwand und kann gut in den Familienalltag eingebaut werden. Schon 5 Minuten täglich reichen, um Ihr Kind in seiner Entwicklung zu unterstützen.

Vorlesen geht auch zwischendurch
Egal ob Sie gerade an der Bushaltestelle stehen oder die Zeit überbrücken, bis das Essen fertig ist: Ein paar Minuten gemeinsam in eine Geschichte abtauchen geht immer.

Sprechen Sie über die Geschichte
Wenn Ihr Kind Sie beim Vorlesen unterbricht, ist das nicht schlimm. Es ist wichtig, über das Gehörte zu sprechen. Sie können auch gezielt Fragen stellen: Hast du auch schon mal so was erlebt? Hat dir die Geschichte gefallen?

Die Wahl der richtigen Geschichte
Die passenden Geschichten für Ihr Kind sind die, die es interessieren. Lassen Sie Ihr Kind gerne selbst aussuchen, was Sie vorlesen sollen.

Viel Spaß beim gemeinsamen Lesen wünschen die Lesemaus und die Stiftung Lesen

Stiftung Lesen